PIERRE TOMBAL

Histoires d'os

Scénario : Cauvin
Dessin : Hardy

DUPUIS

Dépôt légal : novembre 1989 D. 1986/0089/189
ISBN 2-8001-1413-4 ISSN 0772-4624

Imprimé en Belgique.
R. 9/90

XVIIIe CONGRÈS INTERNATIONAL DES FOSSOYEURS
MESSIEURS! MESSIEURS! UN PEU DE SILENCE! PASSONS À NOTRE PREMIER CONFÉRENCIER, M. RADJHA KAHOUMIDJAR, REPRÉSENTANT DE L'INDE!
APPLAUDISSEZ-LE BIEN FORT!
BRAVO! KLAP
KLAP
KLAP
KLAP
KLAP
VOILÀ. CHEZ NOUS, EN INDE, LES MORTS, NOUS LES BRÛLONS SUR UN BÛCHER.
DITES, POUR ALLUMER CE BÛCHER, VOUS Y AJOUTEZ UN PEU DE PAILLE ET QUELQUES CHIFFONS?
BIEN SÛR.
ET SI ÇA NE S'ALLUME PAS ASSEZ VITE, VOUS Y JETEZ UNE BOUTEILLE D'ESSENCE?
?!/ EUH... PARFOIS, OUI.
BRAVO! ALORS, IL MÉLANGE LEURS CENDRES AVEC DU BOIS, DE LA PAILLE, DU VERRE ET DES CHIFFONS! DÈS LORS, FAUDRA PAS QU'IL S'ÉTONNE SI, AU JUGEMENT DERNIER, ILS RENAISSENT AVEC UN CHAPEAU DE PAILLE, UNE PAIRE DE LUNETTES, UNE CANNE ET DES GANTS!
OUAAAHAHA
HIHIHIHI
WAF
HOU HOU
HOU
HOU HOU HOU
Ô HOU
HOU

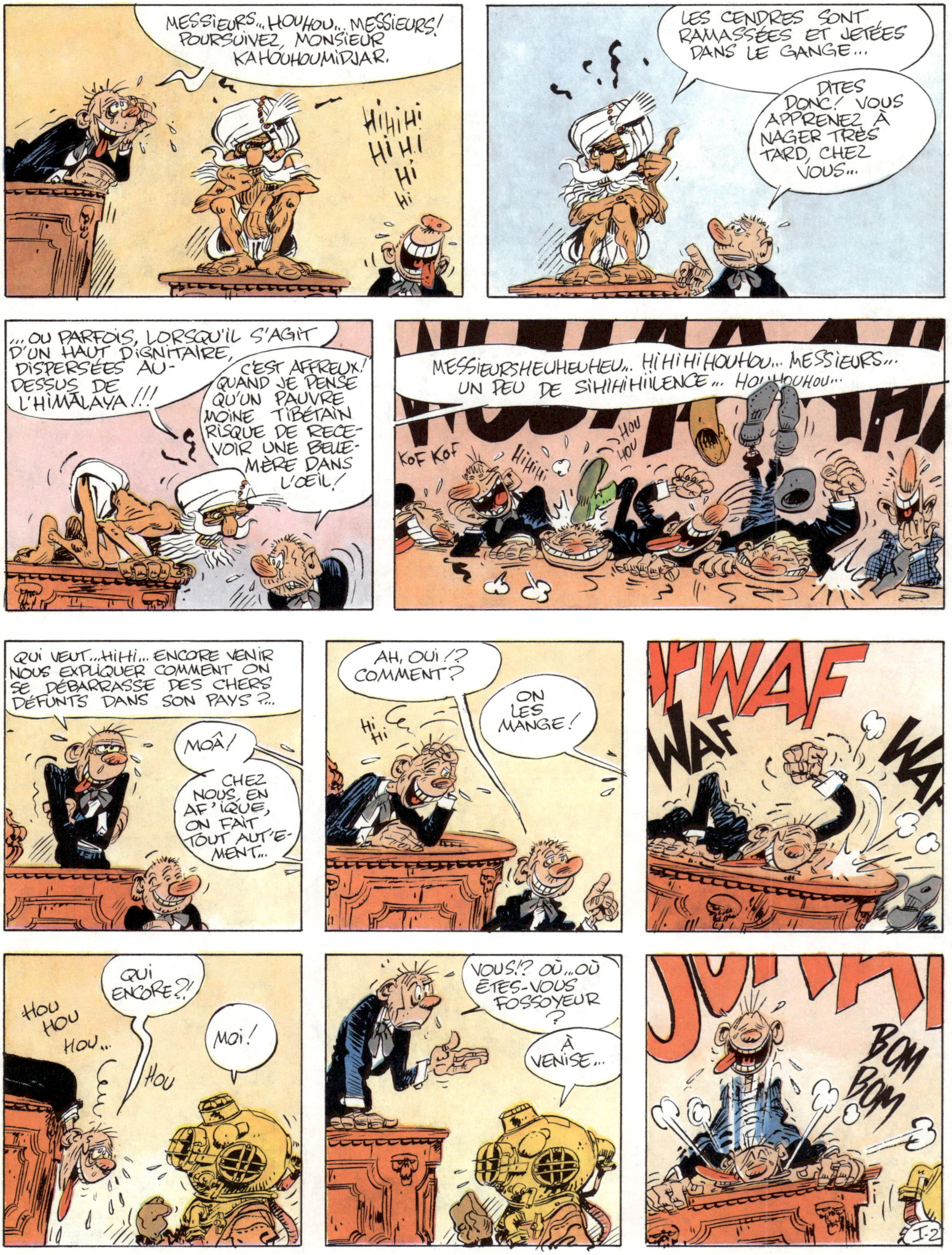
MESSIEURS... HOUHOU... MESSIEURS! POURSUIVEZ, MONSIEUR KAHOUHOUMIDJAR.
HIHIHI HIHI HI HI
LES CENDRES SONT RAMASSÉES ET JETÉES DANS LE GANGE...
DITES DONC! VOUS APPRENEZ À NAGER TRÈS TARD, CHEZ VOUS...
...OU PARFOIS, LORSQU'IL S'AGIT D'UN HAUT DIGNITAIRE, DISPERSÉES AU-DESSUS DE L'HIMALAYA!!!
C'EST AFFREUX! QUAND JE PENSE QU'UN PAUVRE MOINE TIBÉTAIN RISQUE DE RECEVOIR UNE BELLE-MÈRE DANS L'OEIL!
MESSIEURSHEUHEUHEU... HIHIHIHOUHOU... MESSIEURS... UN PEU DE SIHIHIHIILENCE... HOUHOUHOU...
KOF KOF
HIHIHI
HOU HOU
QUI VEUT...HIHI... ENCORE VENIR NOUS EXPLIQUER COMMENT ON SE DÉBARRASSE DES CHERS DÉFUNTS DANS SON PAYS?...
MOÂ!
CHEZ NOUS EN AF'IQUE, ON FAIT TOUT AUT'EMENT...
AH, OUI!? COMMENT?
HI HI
ON LES MANGE!
WAF WAF WAF
HOU HOU HOU...
QUI ENCORE?!
MOI!
HOU
VOUS!? OÙ...OÙ ÊTES-VOUS FOSSOYEUR?
À VENISE...
BOM BOM
I-2

HOU HOU HOU HOU HOU HOU HOU
CHEZ NOUS, ON LES JETTE À LA MER...
NOOON...
À LA MER!? ET... ET ÇA VOUS ARRIVE DE MANGER DU CRABE?!
HOU...
EUH... OUI! MAIS JE NE VOIS PAS LE RAPPORT ?...
À VOTRE AVIS, LES CRABES, ÇA SE NOURRIT DE QUOI?...
TUÛÛT
HOU WAF GARGL OUAAAHAHAHAH
BWÊÊÊERK!
HOU! HOU GOULI GOULI GOULI GOULIGLOBS!
MOI, JE LES VENDS!
MOOON!
VOUS TROUVEREZ MES CLIENTS PARTOUT DANS LE MONDE, DE PHILADELPHIE À TORONTO, DE PARIS À MOSCOU...
NOOON?
SI!
...DE L'ÉCOLE PRIMAIRE À L'UNIVERSITÉ, ILS SONT PARTOUT. AU MOINS, ILS APPRENNENT À NOS ENFANTS COMMENT EST CONSTRUIT LE CORPS HUMAIN. AVEZ-VOUS DES QUESTIONS À POSER?
TINK
TONK
ÇA NE LE DÉRANGE PAS DE TRAVAILLER DEBOUT ALORS QUE LES AUTRES SONT COUCHÉS?
?
HOUHOUHOUWAAH
HOU
ASSEZ!... TROP, C'EST TROP!...
HIHI
HIHI
HOUHOU
J'AI MAL! OH, QUE J'AI MAAAAL!...
WAF
HOU
SKRIIIK
I.3

Y... Y... EN A-T-IL EN... HIHIHI... ENCORE UN QUI VOU... HIHIHI... VOUDRAIT... HIHIHI... NOUS EXPLIQUER COMMENT...
OUI! MOI!
BEN, VOILÀ! CHEZ NOUS, ON LES MET DANS UNE BOÎTE DE SAPIN OU DE CHÊNE, C'EST SELON LES FORTUNES.
SNIF
PUIS, ON LES ENFOUIT EN TERRE, AVEC UNE JOLIE DALLE DE PIERRE OU DE MARBRE PAR-DESSUS ...
...ET, CHAQUE ANNÉE, ON LEUR PORTE DES FLEURS. ET À CHAQUE FOIS, NOS CIMETIÈRES SONT LES PLUS BEAUX DU MONDE.
ET ÇA DURE LONGTEMPS?
BEN... AU BOUT D'UN CERTAIN TEMPS, ON RASE TOUT ET ON EN FAIT UN PARC, VOIRE MÊME UN POTAGER.
ET VOUS AIMEZ ENCORE LES CAROTTES, APRÈS ÇA?
HAHAHAH
HOUHOU
HI! HIHI...
TREMBLEZ! TREMBLEZ, PEUPLE MORTEL! UN JOUR VIENDRA OÙ LES JUSTES REVIENDRONT SUR TERRE! OÙ ILS VIVRONT HEUREUX TOUTE L'ÉTERNITÉ!
LA MORT SERA ALORS VAINCUE! ILS SERONT IMMORTELS!
?! ? ?! ? ?!
C'EST BÊTE: ON S'AMUSAIT POURTANT BIEN! IL A FALLU QU'IL ARRIVE!
N'EMPÊCHE... JE ME DEMANDE SI ON NE VOIT PAS UN PEU LOIN.
ASSEZ DE CHÔMEURS
les immort à la poubelle
À BAS LES JUSTES!
NON
MORT AUX IMMORTELS
NON À L'ÉTERNITÉ
H+C.
I.4.

YANN
ICI REPOSE ERIC GYSEN
KOT
BRRROMM
PATRICK DUPONT
BRÔMM
VOUS SAVEZ, JE N'AI RIEN CONTRE L'INSTALLATION DU MÉTRO, MAIS ÉTAIT-CE VRAIMENT NÉCESSAIRE QUE LA LIGNE PASSE SOUS LE CIMETIÈRE ?...

UN INSTANT !
ET MAINTENANT, AVOUE !... TU ES VRAIMENT MORT !?...
POC
VRAIMENT !?...
POC KRRR
VRAIMENT ?... VRAIMENT ?...
TAP TAP
KRRRRR
KRAA
PINOCCHIO ! JE T'AI DÉJÀ DIT MILLE FOIS QUE C'ÉTAIT TRÈS VILAIN DE MENTIR !
C'EST BIEN VRAI, ÇA !...
GAUVIN + HARDY 47

JEAN BRIEN 1811.1884
PSSST !...
?
POURRIEZ-VOUS ME DIRE L'HEURE ?...
?!... 9 HEURES 35...
QUEL JOUR SOMMES-NOUS ?...
...UN VENDREDI ...
QUEL MOIS ?...
SEPTEMBRE ...
DE QUELLE ANNÉE ?...
1984 ...
DE QUEL SIÈCLE ?
EUH... DU XX ème ...
DIEU ! QUE C'EST LONG L'ÉTERNITÉ !...
HARDY + CAUVIN.
48

UNE... DEUX UUUNE... DEUX...
PAS TROP VITE! PAS TROP VITE!...
ET MAINTENANT, POSEZ!... DOUCEMENT!... DOUCEMEEENT! CRÉNONDIDJU!
BIEN! ET À PRÉSENT, À VOUS, MONSIEUR LE CURÉ!...
MENNÉMEUNÉUS... BENEDICTUS... ... MEUHNÉMENNNUS... ... MEUNEMEUNE ET GNÉGNÉGNÉ ET GNÉ GNA ET GAGAGA...
DITES!... ÇA VOUS FERAIT DU MAL D'ARTICULER!? HEIN?... ON NE COMPREND PAS UN SEUL MOT DE CE QUE VOUS RACONTEZ...
MAIS...?! C'EST DU LATIN!!
AUCUNE IMPORTANCE! J'AI DIT "ARTICULEZ"!
ET LA MUSIQUE!? ON A ENCORE OUBLIÉ LA MUSIQUE!...
BEN...
C'EST INCROYABLE!!!... IL FAUT QUE JE PENSE À TOUT! ON NE PEUT VRAIMENT COMPTER SUR PERSONNE!!! ALORS? OÙ SONT LES MUSICIENS?
ON EST PARTI LES CHERCHER, MONSIEUR...
JE NE VOUDRAIS PAS ME MÊLER DE CE QUI NE ME REGARDE PAS, MAIS VOUS EN ÊTES À LA DOUZIÈME RÉPÉTITION DE VOTRE ENTERREMENT... CROYEZ-MOI, QUAND VOTRE HEURE SERA VENUE, VOUS NE SEREZ PLUS LÀ POUR DONNER VOS DIRECTIVES... ILS FERONT CE QU'ILS VOUDRONT...
SACHEZ, MONSIEUR, QUE J'AI SOIXANTE-DOUZE ANS, ET QUE JE N'AI JAMAIS, JUSQU'À MAINTENANT, RIEN LAISSÉ AU HASARD...
...ET CE N'EST PAS MAINTENANT QUE JE VAIS COMMENCER...
TOUS EN PLACE! ON RECOMMENCE!...
CLAP CLAP CLAP
H+C. 49

BOUHOUOU BOUHOUHOUHOUUU ... BOUH...
ICI IL ACCOMPLI "SA DERNIÈRE TRANSFORMATION
POURQUOI M'AS-TU ABANDONNÉ ?... POURQUOI ? POURQUOI ?
POURQUOI ?!
COMME JE REGRETTE D'AVOIR ÉTÉ DUR AVEC TOI, DE T'AVOIR EXPLOITÉ JUSQU'À LA FIN DE TA VIIIIE !..
BOM BOM BOM
SI C'ÉTAIT À REFAIRE, JE PARTAGERAIS TOUT AVEC TOI ! TU NE MANQUERAIS DE RIEN ! JE TE RENDRAIS HEUREUX !!
ALLONS, VENEZ ...
REVIENS ! NE ME LAISSE PAS TOMBER !!! QU'EST-CE QUE JE VAIS FAIRE SANS TOI ?..
JE SUIS UN HOMME FINI ! FICHU !... BOUHOU HOU HOU... BOUH...
QUEL SPECTACLE DÉCHIRANT ! ...
SNIF
BOUH HOUHOU ...
RAOUL
AU FAIT... QUI EST-CE ?...
C'EST UN DESSINATEUR QUI VIENT D'ENTERRER SON SCÉNARISTE ...
H+C. 50

BROOOO
TCHUF TCHUF TCHUF!..
TCHIRGIIIII
BROOOOOOWWW
TCHUFF
KIRGIII KIRGIIII
TCHUFF
BROOOOOOO
COLES
BROOM BROOM
DJIIII
BROOOOWW...
BROOOO.
TCHUF TCHUF
TCHIIIKIRGII
IL EST MORT D'UNE MALADIE CONTAGIEUSE ...

TAKLOPCATATAKLOP
BOP
?
TCHAP
TCHAP
TCHAP
TCHAP
SMOOOOOOÜÜÜÜÜÜÜÜÜÜÜUKCH!
CATAKLOPKATAKLOP
SI J'AVAIS SU...
LIBRE
52

JANNIN, CAUVIN & HARDY...

FLASH!
QU'EST-CE QUI VOUS ARRIVE ?...
C'EST BIEN MA VEINE ! JE VIENS DE M'APERCEVOIR QUE, POUR UNE FOIS, J'AVAIS JOUÉ LE TIERCÉ DANS L'ORDRE !...
CAUVIN + HARDY.
54

TCHÔMP
TCHÔM
TCHÔMP...
?!?
TCHÔMP
TCHÔMP!
FRANK
ENFIN LIBRE!
CAUVIN+DELIÈGE+HARDY.
55

VALENTINI
QUI EST-CE ?...
UNE VIEILLE FOLLE !... VOILÀ DIX ANS QUE CE CHANTEUR DE CHARME EST DÉCÉDÉ !... ELLE LUI VOUAIT UNE ADMIRATION SANS LIMITE...
BOUH...
NON...
BOUHOU... BOUH...
BOUH...
...DEPUIS, ELLE VIENT TOUS LES JOURS LUI RENDRE VISITE, FLEURIR ET ARRANGER SA TOMBE ...
ET... ET LUI...
C'EST SON MARI...
VALENTINI
PSCHIII
56

PTCHOUF...
HÉ! HO! STOP!
ATTENDEZ!
AAAAAAH... JE M'EN DOUTAIS !!!
BÔM
KRAK
TOC
ELLE AVAIT GARDÉ LA CLEF SUR ELLE...
HEUREUSEMENT QUE J'Y AI PENSÉ !... JE ME DEMANDE COMMENT J'AURAIS FAIT POUR RENTRER À LA MAISON...
J'AURAIS PEUT-ÊTRE DÛ CASSER UN CARREAU...
OU FAIRE APPEL À UN SERRURIER...
... VOUS VOUS RENDEZ COMPTE ?!
CAUVIN + HARDY - 57.

...VOYEZ-VOUS, ICI REPOSE TOUTE MA FAMILLE !... MON ONCLE CHARLES, D'ABORD... TOUTE SA VIE, IL FUT BON AVEC MOI... UN VÉRITABLE CHOU !...
CHARLES
ARTHUR
MARIE
...PUIS, MON GRAND-PÈRE... UN VÉ-RI-TA-BLE CHOU, LUI AUSSI !...
...PUIS MES PARENTS... DE VRAIS CHOUX !... TOUS DE VRAIS CHOUX, MONSIEUR... QUAND JE VIENS LEUR RENDRE VISITE, JE LEUR DIS TOUJOURS : BONJOUR, MES CHOUX...
ÇA VA, MES CHOUX ?...
JE PENSE SOUVENT À VOUS, MES CHOUX !
VOUS PERMETTEZ !
?
?!
?
MAIS ?!... QUE FAITES-VOUS ?...
EN VOUS ÉCOUTANT PARLER, JE ME SUIS DIT, COMME ÇA, C'EST PLUS UNE TOMBE, C'EST UN POTAGER... ALORS, JE SARCLE ...
OUHAHAHAHAHA
CHARLES
AUGUSTE
ARTHUR
MARIE
VOUS DEVRIEZ AVOIR HONTE DE FAIRE DE L'HUMOUR DANS UN ENDROIT PAREIL...
H+C 58

SCHROÔÔNG
CI-GÎT PIERRE BRIT
SCHROÔÔNG
SCHROÔÔNG
BLAF
GA...
GA
GA
AREUH
GA
...JE NE VOUDRAIS PAS ME MÊLER DE CE QUI NE ME REGARDE PAS, DOCTEUR, MAIS À MON AVIS, VOUS DÉLIVREZ VOS PERMIS D'INHUMER UN PEU RAPIDEMENT !... QUATRE FOIS CE MOIS-CI, ÇA COMMENCE À BIEN FAIRE !...
H+C
59

HOP HOPHOP HOP...
ATTENTION... TU VAS VOIR...
TARATATAAA TATA POUÊEEEET...
HAHAHAHA!...
NON!... CE NE SONT PAS LES TROMPETTES DE LA RÉSURRECTION! ÇA FAIT AU MOINS DIX FOIS QUE CET IMBÉCILE VOUS FAIT LE COUP, ET À CHAQUE FOIS VOUS VOUS LAISSEZ AVOIR COMME DES GAMINS!...
60

TROOOMP!!
KRAK
SNIF...
EUH... DITES... JE NE SAIS PAS SI VOUS LE SAVEZ, MAIS L'ENTERREMENT N'AURA LIEU QUE DEMAIN...
JE SAIS... MAIS VOYEZ-VOUS, DEMAIN JE NE POURRAI PAS VENIR... JE ME RENDS À UN MARIAGE... C'EST POUR CELA QUE J'AI PRÉFÉRÉ VENIR AUJOURD'HUI...

RICHARD WAGNER 1813-1883
BOLOMBÔLOM
TINK
POK
BLINK
TINK TONK
ALLÔ !?... LA MAISON DE LA RADIO ?!
DITES !... IL Y A EN CE MOMENT UN DISQUE QUI PASSE SUR VOS ANTENNES...
OUI...
C'EST DU WAGNER ARRANGÉ À LA SAUCE TARTARE !?...
HÉLAS... C'EST VRAI, MONSIEUR...
...IL S'AGIT D'UN MORCEAU INTERPRÉTÉ PAR « STEFFY ET LES SLIPS VIOLACÉS » ... J'IGNORE QUI A PROGRAMMÉ CELA...
...MAIS SI RICHARD WAGNER ENTENDAIT ÇA, IL SE RETOURNERAIT DANS SON CERCUEIL...
BEN VOILÀ !... C'EST JUSTEMENT À CE PROPOS QUE JE VOUS TÉLÉPHONE...
?!...
62

BIDOUILLE
VIOLETTE
BRÔM BRÔM BRÔM
BRÔM BRÔM BRÔM.. BRÔM
CHÉRI, OH, CHÉRI. TU TE RAPPELLES... LE BULLETIN DE LOTTO QUE TU AVAIS REMPLI...
... JEUDI PASSÉ
... JUSTE AVANT TON INFARCTUS? ...
EH BIEN, ON A GAGNÉ!
BAQUET
OUIIIIN!
Y. BAQUET

VVRRRRRRK
GO!
BRAVO!
CLAP
HOURRAH!
CLAP
BRAVO
CLAP
BRAVO
CLAP
CLAP
CLAP
BRAVO!
MAGNIFIQUE SAUT!...
OUAIS... FORMIDABLE!
EXCELLENT
REPOSE
JEAN VERLY
PARACHUTISTE
RECORDMAN
OLYMPIQUE
DU SAUT DE
PRÉCISION.
64

CETTE NUIT, C'EST NOËL...
OUI... ILS VONT ENCORE BIEN RÉVEILLONNER!
SANS PENSER À NOUS...
C'EST CHAQUE ANNÉE LA MÊME CHOSE...
LÀ, VOUS VOUS TROMPEZ!... CETTE ANNÉE, MES ENFANTS M'ONT INVITÉ À PASSER LE RÉVEILLON AVEC EUX...
?...
?...
EH!... TU RIGOLES, OU QUOI?!... COMMENT ILS VONT FAIRE?...
CHUUUUT... ÉCOUTEZ...
ILS M'APPELLENT!... VOUS ENTENDEZ!?. ILS M'APPELLENT...
PAPA...?! PAPA...! ES-TU LÀ?...
DITES-LUI DE SE DÉPÊCHER! ON N'ATTEND PLUS QUE LUI POUR SE METTRE À TABLE...
"SI TU ES LÀ, FRAPPE UN COUP"... SI TU N'ES PAS LÀ, FRAPPE DEUX COUPS...
EXCUSEZ-MOI MAIS IL FAUT QUE J'Y AILLE...
BLAM
À TABLE!
AAAAH... LE VOILÀ!
IL A DE LA CHANCE, LE PÈRE FRANÇOIS...
OUAIS! CE NE SONT PAS MES HÉRITIERS QUI PENSERAIENT À ÇA...
MAIS COMMENT IL FAIT POUR BOIRE ET MANGER?
AH LÀ! ÇA DOIT SÛREMENT LUI CRÉER DES PROBLÈMES...
BAH!... L'IMPORTANT N'EST-IL PAS DE PARTICIPER, COMME DISAIT L'AUTRE?...
65.

BROOOOOOM
TCHÔMP
TCHÔMP
TCHÔMP
VLOUF
POK POK
TCHOMP
TCHÔMP
BLOF
JE NE VOUDRAIS PAS ME MÊLER DE CE QUI NE ME REGARDE PAS MAIS TOUT DE MÊME...
ET ALORS ?!... ON A TOUT DE MÊME LE DROIT DE FAIRE GRÈVE, NOUS AUSSI !...
NON ?

BOUH
SNURF...
SNURF
J'AVOUE NE PAS TRÈS BIEN COMPRENDRE..?
IL VOULAIT ÊTRE INCINÉRÉ... ELLE VOULAIT UN ENTERREMENT TOUT À FAIT ORDINAIRE
ELLE A CONCILIÉ LES DEUX...
CAUVIN + HARDY
67.

BELANGBLANGBLANGBELANGBLANGBLANGBELANGBLANGB
ets PORCELET
BELANGKLANGKLANGBELANGBANGKLANGBELANGBLANG
O.K.!
ets PORCELET
ets PORCELET
BLANG BELANG BLANG
BELANG BLANG
ets PORCELET
MAIS QUI ÉTAIT-CE ?...
UNE VÉRITABLE ORDURE ! CROYEZ-M'EN, MONSIEUR ...
CAUVIN + HARDY
68

HiHi Hi...
HAHA HAHAHA...
HiHi Hi...
HAHA HAHA HA...
HO HO...
HOHOOO HoHo... HAHA...
HUM...
...EXCUSEZ-MOI, MONSIEUR...
Hi Hi Hi...
JE CROIS QU'IL Y A UN PETIT FARCEUR QUI VOUS A JOUÉ UN VILAIN TOUR !... À VOTRE AVIS, QUI EST-CE ?...
SÛREMENT L'UN D'ENTRE EUX... MAIS ALLEZ SAVOIR LEQUEL...
HiHiHi
WAÂARF ARF ARF ARF
HOUHOU..
HOHOHO...
POUR WATCH MERCI
CAUVIN + HARDY
72

fuel
583652
72, r de la Station
DUBOIS
ALORS, MON GARS! COMBIEN?
10.000 LITRES!...
I'M the KING
ON REMPLIT SA CUVE!? ON PREND SES PETITES PRÉCAUTIONS POUR L'HIVER?...
MAIS NON! C'EST POUR L'EN-TERREMENT D'UN ÉMIR ARABE...
CAUVIN + HARDY. 73

SALUT, FACTEUR!
LA TOMBE DE MACÉ GILBERT ?... J'AI UN COLIS POUR LUI...
?
GILBERT MACÉ
KRIOUUIK!
AU FAIT, QU'EST-CE QUE C'ÉTAIT ?...
DU VERMIFUGE...
CAUVIN + HARDY
IDÉE: D. DURANT
74

MENEUMENEU MENEUMENEU... AMEN...
ALLONS-Y!...
MANU
BÉDÉLIRIUM
ATTENTION!... PRÊT?... À LA UUUNE... À LA DEUUUX...
... À LA TROIS!
VLOUUUTCH
CLAP
ÉCOUTEZ... EUH... JE... J'AVOUE NE PAS TRÈS BIEN COMPRENDRE!...
C'EST SIMPLE!
C'EST UNE FAMILLE D'ÉCOSSAIS... ILS SE SERVENT DU MÊME CERCUEIL DEPUIS DES GÉNÉRATIONS...
ALORS, VOUS COMPRENEZ! FAUT BIEN QU'ON LE RÉCUPÈRE...
75

DITES-MOI, COMMENT EN ÊTES-VOUS ARRIVÉ ICI ?...
J'ÉTAIS PARTI À LA CUEILLETTE DES CHAMPIGNONS AVEC MON BEAU-FRÈRE...
...SEULEMENT VOILÀ, NOUS NOUS SOMMES INTRODUITS DANS UNE PROPRIÉTÉ PRIVÉE ! LE GARDE NOUS A SURPRIS ET NOUS A TIRÉ DESSUS !... J'AI ÉTÉ FOUDROYÉ SUR PLACE !...
OH !
ET VOUS ?
OH ! MOI, J'ÉTAIS AVEC MON BEAU-FRÈRE ! QUAND JE L'AI VU TOMBER DANS L'HERBE, PERDANT SON SANG, J'AI RAMASSÉ LE PANIER DE CHAMPIGNONS ET JE ME SUIS ENFUI...
... SEULEMENT, VOILÀ, CE FOU DE GARDE-CHASSE A REMIS CELA !... J'AI ÉTÉ TOUCHÉ DANS LE DOS...
C'EST AFFREUX !...
...J'AI PU ME TRAÎNER JUSQU'À LA MAISON, OÙ JE POUSSAI MON DERNIER SOUPIR DANS LES BRAS DE MA SOEUR !
BELLE MORT, EN VÉRITÉ !... ET VOUS, MADAME ?...
... J'AI MANGÉ LES CHAMPIGNONS ...
HARDY + CAUVIN
PARFOIS, JE ME DEMANDE CE QU'ILS SE RACONTENT...
76

J'AI AMENÉ UN MÉDIUM! AINSI, PAR TRANSMISSION DE PENSÉE, JE POURRAI DISCUTER AVEC MON MARI...
AH!? ET VOUS CROYEZ QUE ÇA VA MARCHER ?...
BIEN SÛR!... VOUS ALLEZ VOIR...
ÇA Y EST! IL ENTRE EN TRANSES!
M... MON CHÉRI!... TU... TU M'ENTENDS? CO... COMMENT VAS-TU ?...
GLA GLA...
J'AI FROID... J'AI GLAGLA... TRÈS FROID...
GLA
GLA
...J'AI GLAGLA... AFFREUSEMENT FROID... GLA...
FROID
GLA
JE NE VOUDRAIS PAS ME MÊLER DE CE QUI NE ME REGARDE PAS, MAIS, À MON AVIS...
COMME C'EST BIZARRE!... IL A ATTRAPÉ LE VIRUS DE LA GRIPPE ASIATIQUE...
INCROYABLE! MAIS COMMENT ?...
BERCO
MON MARI ÉTAIT CHINOIS!...

GRATT
GRATT
MÈRE-GRAND
LI LALALA... LILA...
MÈRE-GRA
MÈRE-GRA
...OH, MÈRE-GRAND! QUE VOUS AVEZ DE GRANDES ORBITES...
...C'EST POUR MIEUX TE VOIR, MON ENFANT...
ETC... ETC...
GASP GAGA MEUH
CLAC CLAC CLAC
SINCÈREMENT, JE ME DE-MANDE POUR-QUOI UN AUSSI GENTIL CONTE PEUT L'AVOIR MISE DANS UN ÉTAT PAREIL ?!...
CAUVIN + HARDY. 98

NONDIDJU! C'EST PAS VRAI, MAIS C'EST PAS VRAI !...
ALORS !?... C'EST POUR AUJOURD'HUI OU POUR DEMAIN ?...
VOILÀ, VOILÀ !.. ON A JUSTE FINI...
DITES... JE NE VOUDRAIS PAS ÊTRE INDISCRET, MAIS QU'EST-CE QUI SE PASSE ?...
GUY BRIEN
C'EST UN TYPE QUI EST PASSÉ À LA CHAISE ÉLECTRIQUE...
...COMME À CHAQUE FOIS ON LES BOURRE D'ÉLECTRICITÉ, UNE HEURE APRÈS, IL EN RESTE TOUJOURS UN PEU...
... ALORS, ILS EN PROFITENT POUR RECHARGER LEUR BATTERIE
H+C
79

DOUCEMENT, POUR L'AMOUR DU CIEL...
BOM
DOÛÛÛ-CEMENT!
TOC
BLAF
PLINK
KRIIIP KRIIIP
JE M'EN DOUTAIS!... JE M'EN DOUTAIS!
ÇA FAIT LA CINQUIÈME FOIS DEPUIS QU'ON TRIMBALE CE TYPE! C'EST PAS BIENTÔT FINI? HEIN? DIS?!
JE NE VEUX PAS ME MÊLER DE CE QUI NE ME REGARDE PAS, MAIS TOMBER, ÇA ARRIVE À TOUT LE MONDE...
OUAIS!... MAIS ON VOIT BIEN QUE CE N'EST PAS VOUS QUI, À CHAQUE FOIS, DEVEZ LUI REMETTRE SON OEIL DE VERRE!
H+C.
80

...TOUJOURS CONTENTE AVEC « DOUBLEBONNET », LE SOUTIEN-GORGE POST-ATOMIQUE AUX TROIS BALLONNETS DE TAPEX!
CHAMELLE TROPHY '85
1000 milles dans l'Enfer du Cancer Pulmonaire
Etes-vous volontaire?
CONSTRUISEZ VOTRE CERCUEIL VOUS-MÊME avec BRICO 3000
BRICO 3000
CHAMELLE TROPHY '85
CANCER
TAPEX
GASP
SMOK
VOTEZ JÉSUS
POUR TOUTE HISTOIRE LOUCHE ADRESSEZ-VOUS À MOI. Y.
RAN RAN RAN!
GAULOISE
SOYEZ UNE VEUVE HEUREUSE HABILLEZ-VOUS CHEZ
ENDEUIL
-30%
1er SEPTEMBRE
SOLIBALLE
Pompes funèbres
GOLIATH
...CET ENTERREMENT VOUS EST OFFERT PAR "LA VOIX DE L'EST", LES ROULEMENTS À BILLE PYFLOX, LA LOTERIE INTERNATIONALE, ET LE COCO!
MÉNÉMÉNÉMÉ-NÉMÉNÉMÉ...
VOTEZ JÉSUS
SUPER MACAÉ
Pneus Goudby
Super Croix
Lessive Saint Marc
NON! JE NE SUIS PAS CONTRE LA PUBLICITÉ...
MAIS TOUT DE MÊME...
PARFOIS... IL ME SEMBLE QU'ILS EXAGÈRENT...
UGH
CHUCKLE
CAUVIN + HARDY

GAGA GA...
POM POM
?!
DIDJU!
DIDJU! DIDJU!
DIDJUDIDJUDIDJU!
MAIS ENFIN, QUE FAITES-VOUS ?...
MILLE MILLI
DERODJJ!
J'ESSAYE D'ENTERRER UN LAMA MORT EN ÉTAT DE LÉVITATION !
CAUVIN + HARDY 85

IL Y A DES MOIS COMME ÇA OÙ ON N'A QUASI RIEN À FAIRE... TENEZ, CET ÉTÉ, DEUX DÉCÈS SEULEMENT!... ET PUIS, PAF! ARRIVE LA CHUTE DES FEUILLES...
... ALORS LÀ, C'EST LA PANIQUE! DEPUIS LE DÉBUT DU MOIS, QUATORZE! ET CE N'EST PAS FINI!... À CROIRE QU'ILS SE SONT TOUS DONNÉ LE MOT!
SEULEMENT, VOILÀ! JE SUIS TOUT SEUL POUR ME TAPER LE BOULOT! IL Y A DES JOURS OÙ JE ME VOIS CONTRAINT DE FAIRE PATIENTER LES GENS, LE TEMPS DE FINIR MON TROU...
POURQUOI NE PAS METTRE UNE ANNONCE DANS LE JOURNAL ?... À NOTRE ÉPOQUE, IL Y A TANT DE GENS QUI VOUDRAIENT TRAVAILLER...
VOUS CROYEZ VRAIMENT QUE ?...
ÇA NE VOUS COÛTE RIEN D'ESSAYER...
SCRITCH
SCRITCH
SLURP...
HORAIRE DES LEVÉES
ET VOILÀ! IL N'Y A PLUS QU'À ATTENDRE...
DEUX JOURS PLUS TARD...
DRRIIIIING...
?
C'EST POUR L'ANNONCE!...
III-1

AHEM... BON!... EUH... PAS TOUS À LA FOIS... HEM... SI LE PREMIER VEUT BIEN ME SUIVRE...
C'EST MOI!
OH! DITES! JE SERAI PAYÉ COMBIEN?
BEN... AU DÉBUT PAS LOURD, MAIS PAR LA SUITE...
FROTT
OH! ET J'AURAI DROIT À MES CONGÉS PAYÉS?
À PARTIR DE L'ANNÉE PROCHAINE! C'EST LA LOI!
OUÏE
AH?... ET... ET JE DEVRAI TRAVAILLER COMBIEN D'HEURES PAR SEMAINE?...
42 H.
OUÏE OUÏE!
EH!? OÙ ALLEZ-VOUS?... VOUS N'AVEZ MÊME PAS COMMENCÉ!?...
OUÏE OUÏE OUÏE...
AU SUIVANT!
EUH... VOUS SAVEZ MANIER UNE PELLE?...
PARDON?
J'AI FAIT DES ÉTUDES, MOI, MONSIEUR! J'AI UN DIPLÔME, MOI, MONSIEUR! JE N'AI PAS FAIT QUATRE ANS D'ÉTUDES DANS LES ARTS GRAPHIQUES POUR MANIER BÊTEMENT UNE PELLE!
EUH...
PEUH!
SUIVANT!

?!?
MAIS?... MAIS VOUS ÊTES UNE FEMME?...
HEUREUSE QUE VOUS L'AYEZ REMARQUÉ!
MAIS CE N'EST PAS UN TRAVAIL DE FEMME!
VOUS AVEZ QUELQUE CHOSE CONTRE L'ÉGALITÉ DES SEXES ?...
N...NON, MAIS!
EH BIEN, ALORS!?
TCHÔMP
TCHÔMP
SUIVANT!...
PHALLOCRATE!
?!!

BON ! BEN, VOUS VOYEZ, LE TRAVAIL EST SIMPLE !... VOUS PRENEZ LA PELLE ET VOUS FAITES UN TROU...
ALLEZ-Y !
... ET VOUS FAITES UN TROU...
UN TROU !
LÀ !
SUIVANT !
⊛...RACISTE !...
EUH... VOUS AVEZ DÉJÀ TRAVAILLÉ ?...
OUI, BIEN SÛR...
PAS LONGTEMPS PARCE QUE J'ÉTAIS TOUJOURS MALADE... MAIS À PRÉSENT, ÇA VA MIEUX...
...BEAUCOUP MIEUX...
?!
AAATCHÂÂ !
AH, TIENS ?...
NON !
SUIVANT !

EUH ?.. SANS VOUS OFFENSER, VOUS NE CROYEZ PAS QUE VOUS ÊTES UN PEU VIEUX POUR CE GENRE DE BOULOT ?...
TROP VIEUX? MOI? ATTENDS VOIR, GAMIN!
TCHOMP
CRACK
OUAAH!
AU SUIVANT!
NONDIDJU! OH! NONDIDJU DIDJUDIDJU!...
CRAC
CRAC
?!
IL Y A QUELQUE CHOSE QUI NE VA PAS ?...
LA... J'AI... J'AI VU UNE DALLE BOUGER...
PARDON?
JE... JE L'AI VUE, JE VOUS DIS!...
VOYONS... QU'ALLEZ-VOUS PENSER LÀ? TOUS LES GENS QUI SONT ICI REPOSENT POUR L'ÉTERNITÉ...
ET... ET S'IL Y EN AVAIT UN QUI FAISAIT SEMBLANT ?...
SUIVANT!
ZOU!
ZOU! NOUS, ON VEUT BIEN TRAVAILLER, MAIS ENSEMBLE! JE REFUSE QU'ON NOUS SÉPARE! PAS VRAI, MON MINET?
C'EST VRAI, MA CHOU-CHOUTE!
SUIVANTE!
EUH!
SUIVANT!
?!?

TCHAF TCHAF TCHAF TCHAF
TCHAF TCHAF TCHAF TCH
ÇA VA ! JE VOUS ENGAGE ! VOUS POUVEZ ARRÊTER !
TCHAF TCHAF
EEH ! STOP ! ÇA SUFFIT ! ARRÊTEZ !
TCHAF TCHAF TCHAF
ARRÊTEZ ! ARRÊTEZ !
SNIF !
ARRÊTEZ ARRÊTEZ ARRÊTEZ ...RRÊTEZ
ALORS, ÇA A MARCHÉ ? VOUS AVEZ TROUVÉ CE QU'IL VOUS FALLAIT ?
NON, MÔSSIEUR ! ET EN PLUS DE ÇA, J'AI PERDU TOUTE MA JOURNÉE ET TOUT ÇA, GRÂCE À VOUS ET À VOS IDÉES STUPIDES !!
GROUILLEZ-VOUS UN PEU ! IL Y EN A ENCORE ONZE À CREUSER AVANT L'AUBE !
LA PROCHAINE FOIS, JE FERMERAI MA GRANDE
CAUVIN + HARDY

FIN.

INRI